DOCTEUR A. TREUILLE
MEMBRE DE LA SOCIÉTÉ D'HYDROLOGIE MÉDICALE DE PARIS

DES EAUX MINÉRALES

DE

CONTREXÉVILLE

ET DE

LEUR VALEUR THÉRAPEUTIQUE

Deuxième édition.

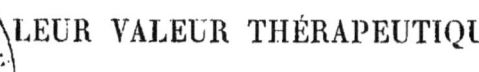

PARIS
PUBLICATION DE LA *GAZETTE DES EAUX*
RUE JACOB, 30.

Mai 1859.

PARIS.—IMPRIMÉ CHEZ BONAVENTURE ET DUCESSOIS, 55, QUAI DES AUGUSTINS.

J'ai été conduit à Contrexéville, en 1857 et 1858, pour y soigner une affection des reins et de la vessie dont je souffrais depuis plus de vingt années. Après avoir vainement épuisé les divers traitements en usage, j'ai enfin obtenu, grâce à l'action bienfaisante de ces eaux, la guérison de mes cruelles souffrances, j'ai recouvré complétement une santé dont je désespérais, et j'ai eu le bonheur de pouvoir me consacrer de nouveau à ces occupations médicales qui me sont si chères.

Je crois donc avoir contracté une dette envers Contrexéville, et je l'acquitte à ma manière, en venant, après tant d'autres [1], mieux autorisés peut-être, mais non moins convaincus, affirmer les propriétés merveilleuses de ses eaux, propriétés éprouvées par tant de malades et par moi-même en particulier.

Sans doute, je n'ai point à dire des choses bien nouvelles. Mon but n'est point de découvrir, d'inventer, mais

[1] MM. Bagard, Thouvenel, Mamelet, Baud, Constantin James, Haxo, Legrand du Saulle, J. Nicklès, Th. Lepage, etc.

de constater, une fois de plus, quelles sont les propriétés thérapeutiques des eaux de Contrexéville, et, en les louant comme elles le méritent, d'étendre à mon tour, dans la mesure de mes forces, leur réputation encore beaucoup trop restreinte.

Puisse ma voix être entendue de tous ceux qu'affligent des douleurs identiques à celles dont j'ai si longtemps souffert, et j'aurai rempli ce que je me plais à considérer comme un devoir ! Puissé-je aussi, un jour prochain, voir la vie et la richesse circuler en ce village, si humble mais si intéressant, puisque l'on y peut retrouver la santé perdue !

Tels sont mes vœux. Je n'écris que pour en hâter l'accomplissement.

§ I.—TOPOGRAPHIE.

Contrexéville est une commune de sept cents habitants environ, située dans le canton de Vittel, arrondissement de Mirecourt, département des Vosges, à trois cents kilomètres de Paris, soixante-dix de Nancy, quarante-six d'Épinal, cinquante-six de Plombières, vingt-cinq de Neufchâteau, trente-cinq de Domrémy. Des voitures publiques, dont le service est quotidien, la relient aux villes voisines et aux divers chemins de fer qui traversent la Franche-Comté, le Lyonnais, et, en général, l'est de la France. Dès à présent, quoique les lignes ferrées ne soient pas achevées, on peut s'y rendre de Paris en quinze heures, par le chemin de fer de l'Est, que l'on quitte à Commercy, à vingt lieues de Contrexéville. L'administration des postes y a, depuis peu, établi un bureau où les dépêches de la capitale sont reçues et expédiées en treize heures.

Ce village est, pour ainsi dire, blotti au fond d'une vallée qui s'ouvre du sud au nord. Quand on s'y rend, on n'aperçoit son clocher que de très-près ; on ne le voit lui-même, avec ses maisons et ses vergers, que lorsque l'on y est arrivé. Il est traversé par une petite rivière, le Vair, qui prend sa source non loin, et qui, augmentée d'un autre ruisseau, court, à travers une prairie charmante, se jeter dans la Meuse, près de Domrémy.

Le sol sur lequel est assis Contrexéville, à une profondeur de plusieurs mètres, a pour base des couches d'alluvion, infiltrées par des nappes d'eau souterraines jusqu'à une petite distance de la surface. D'autre part, les rues du village n'ont point de pentes, ni naturelles, ni artificielles ; le terrain argileux, par conséquent troublé aux moindres pluies, s'abreuve des purins suintés par les fumiers que les habitants peu prévoyants entassent devant leurs maisons. De plus, le Vair et le ruisseau de Suriauville, véritables torrents en automne et en hiver, laissent, durant les époques de sécheresse, leurs lits presque à découvert.

Les conditions climatériques de Contrexéville pourraient être plus favorables. Le pays est, en général, humide et froid, à cause de son élévation barométrique, —350 mètres environ au-dessus du niveau de la mer,— à cause de sa proximité de la chaîne des Vosges et de la nature du sol précédemment décrite.

L'état sanitaire de la population fixe s'en ressent. On trouve parmi elle des goîtreux. On signale encore un certain nombre de cas d'albinisme et de crétinisme.

Mais, en somme, la population de passage n'a pas à craindre les affections dont la population permanente est trop fréquemment atteinte. Pendant l'été, et tant que dure la saison des eaux—du 1ᵉʳ juin au 1ᵉʳ octobre,— l'air est vif à Contrexéville et non moins sain que dans la plupart des stations d'eaux minérales et thermales.

Les environs présentent beaucoup d'agréments aux voyageurs. A quatre kilomètres à peine, du côté du village de Dombrot, du sommet de la montagne appelée *le Haut de Salins,* on peut jouir de la vue des montagnes des Vosges et du Jura, se dessinant à travers un horizon immense, coloré de mille teintes admirables au lever et au coucher du soleil. Contrexéville même est entouré de plaines fertiles, de prairies émaillées de fleurs et de forêts magnifiques. Les touristes se plaisent à aller faire une excursion aux ruines du château de la Mothe, à s'asseoir sous le chêne des Partisans, à courir à travers les délicieux vallons de Bonneval et de la Chèvre-Roche, véritable oasis de verdure au milieu de blocs de rochers. Enfin, on doit honorer d'un pèlerinage patriotique la maison où naquit Jeanne d'Arc, et l'on peut prendre Contrexéville pour point de départ ou de retour de pérégrinations un peu plus lointaines à travers les gorges des Vosges.

§ II. — HISTORIQUE DES EAUX.

Les eaux de Contrexéville ont guéri de temps immémorial les habitants du village même et des villages voisins des maladies des organes digestifs et urinaires [1]. — Aujourd'hui, hâtons-nous de le dire, leur effet n'est pas moindre qu'il n'était autrefois : la plupart de ceux qui s'en servent éprouvent un soulagement très-sensible à leurs maux, avant même la fin du temps voulu pour le traitement.

Pourtant, la renommée de ces eaux ne date que du milieu du XVIIIe siècle. C'est en 1759 qu'une cure réputée merveilleuse les désigna à l'attention du docteur Bagard, premier médecin du roi, président et doyen du collége de médecine de Nancy, du temps de l'ex-roi de Pologne, le bon Stanislas, qui a laissé des souvenirs si populaires dans toute la contrée. M. Bagard lut son mémoire à la Société des sciences et arts de Nancy, le 10 janvier 1760.

---

[1] On y venait et on y vient encore de Lignéville, de Saint-Ouen, de Dombrot, de Bulgneville, de Vittel même. *(Note des Éditeurs.)*

Il y révéla les propriétés chimiques et les vertus médicinales de ces eaux, que le monde scientifique ignorait alors complétement.

Un peu plus tard, 1774-1775, le docteur Thouvenel fut envoyé à Contrexéville par l'inspecteur général des eaux minérales de France, pour analyser les eaux de ce village. Il y trouva l'abbé de Bouville, qui s'était fait déjà opérer de la pierre, et qui, sa maladie persistant, était venu là faire un suprême essai de guérison. L'établissement des eaux de Contrexéville doit sa fondation et sa célébrité à ces deux honorables personnages.

Avant eux, ce qu'on appelle aujourd'hui *la Fontaine du Pavillon*, n'était qu'un grand trou difficilement abordable, parce qu'il était comme perdu au milieu d'une espèce de marais. Pour y prendre de l'eau, on était obligé de descendre plusieurs marches, pratiquées dans le sol même, et que soutenaient fort mal des planches à demi étayées à l'aide de piquets. Ces planches qui soutenaient les terres n'empêchaient point le mélange des eaux pluviales et même marécageuses avec l'eau guérissante de la source, qui avait alors environ vingt-cinq pieds de profondeur. Enfin une source souterraine d'eau commune venait sans cesse diminuer la valeur thérapeutique de l'eau minérale pure.

Grâce à M. l'abbé de Bouville, qui fit les frais nécessaires, car le propriétaire du jardin où était située la fontaine était trop pauvre pour s'en charger, M. Thouvenel fit chercher la source minéralisée que l'on trouva à quarante pieds de profondeur environ, et qui fut isolée de la source d'eau commune au moyen d'un puits en maçonnerie, fermé hermétiquement par un bloc de pierre.

Ces travaux indispensables étant achevés, la célébrité des eaux de Contrexéville ne manqua pas de s'étendre au loin. Les princes et les premières familles de la cour de France, les fréquentèrent, et, à cette époque, ce village, encore si petit à cette heure, avait une jolie salle de spectacle où les plus hauts personnages se plaisaient à jouer eux-mêmes la tragédie et la comédie.

Presque abandonnées, comme la plupart des eaux de France, durant la révolution, les eaux de Contrexéville rentrèrent en faveur au retour de la tranquillité publique. Les sommités aristocratiques, militaires, politiques, artistiques, industrielles et financières, y vinrent recouvrer la santé. Des étrangers, Italiens, Espagnols, Allemands, Anglais, Russes, Suédois, et même Américains, s'y donnèrent rendez-vous en nombre considérable.

A présent, Contrexéville jouit d'une renommée méritée, comme nous le verrons tout à l'heure, pour l'efficacité réelle de ses eaux. Il serait encore plus fréquenté si le propriétaire de l'établissement ou la commune, en ce qui la concerne, voulait introduire certaines améliorations que nous ne manquerons pas d'indiquer bientôt.

§ III.—État actuel.

Quoique le propriétaire actuel des sources y ait déjà

réalisé de notables améliorations, l'établissement des eaux minérales de Contrexéville laissait encore à désirer l'année dernière. L'aménagement des sources était fort imparfait et réclamait des modifications immédiates [1].

La source principale, celle dite du *Pavillon* ou de la *Buvette*, se trouve aujourd'hui exactement telle qu'elle a été installée, grâce à l'abbé de Bouville, au dernier siècle. Un puits cimenté, d'une profondeur de treize mètres, l'isole des terres. Ce puits est fermé à l'aide d'un bloc de pierre, et le trop-plein s'en échappe par une ouverture de niveau avec le sol. L'eau tombe dans une vasque de pierre, pour de là passer dans un canal de décharge qui la jette dans le Vair. Aux alentours, on a eu soin de dissimuler, à l'usage des buveurs, plusieurs *retraites*, qui, avouons-le, ne sont pas encore assez nombreuses.

Le puits conserve intactes et invariables la température et la limpidité de l'eau. Mais il n'en est pas de même du volume, qui suit les phases de sécheresse ou d'humidité de l'atmosphère, non plus que du *quantum de minéralisation*, ce qui surtout peut être fâcheux. Or, voici quelles seraient les conséquences de cette variabilité : concentrée, l'eau est plus excitante, plus astringente, et son action sur les organes est plus énergique. Cette variabilité n'est-elle qu'accidentelle, ou plutôt ne proviendrait-elle pas de ce que le puits, si vieux, laisserait s'infiltrer les eaux du Vair, desquelles il a pour but d'isoler

---

[1] Voir les dernières lignes de ce paragraphe.

la source? C'est ce qu'il faudrait observer avec soin, sans quoi les buveurs ne peuvent se passer journellement d'avoir recours à leur médecin pour savoir à quelle dose prendre la boisson plus ou moins minéralisée [1].

D'autre part,—et ceci n'a point encore été observé, si ce n'est par les buveurs eux-mêmes,—pour remplir son verre à cette source du *Pavillon*, il faut descendre trois marches, puis encore se baisser au niveau du sol. Il est facile de concevoir que ce mode compliqué de puisement devient souvent difficile aux personnes âgées, qu'il est toujours pénible aux dames, impossible aux goutteux. Il serait donc urgent d'établir une vasque où chacun pourrait puiser l'eau sans être obligé de se baisser. Ou, si cette modification n'est pas possible, établir à poste fixe un homme ou une femme chargé de remplir les verres des buveurs [2].

A propos du captage et de l'aménagement des sources, on devrait s'inspirer de ce qui a été fait non loin, à Vittel, bien que, là non plus, le *très-bien* n'ait point été

---

[1] Les travaux récents opérés aux sources de Contrexéville ont démontré que les eaux du Vair ne peuvent s'y infiltrer, et que les modifications de volume tiennent à des causes qui n'ont aucun effet sur le *quantum* de minéralisation. (*Note des Éditeurs.*)

[2] Ce vœu sera exaucé. Nous trouvons dans les notes remises au propriétaire de la source par M. l'ingénieur des mines Jutier, qui vient d'en diriger l'aménagement nouveau, la recommandation expresse de renoncer à toute tentative d'élever le robinet de la buvette. Les essais de ce genre faits à d'autres époques ont nui gravement au débit de la source.
(*Note des Éditeurs.*)

réalisé en ce genre, comme aux eaux d'Allemagne, par exemple.

En outre de la source du *Pavillon*, Contrexéville en possède deux autres, dites des *Bains*, dont les propriétés thérapeutiques sont identiques à celles de la première. L'année dernière le captage en était nul. Elles coulaient à l'air libre sans être mises à l'abri contre aucun des accidents atmosphériques. A peine étaient-elles défendues par un fond de tonneau contre les couches argileuses. Les feuilles, branchages et herbes des végétaux qui les entourent y tombaient en pleine liberté.

L'eau qu'elles fournissent est élevée, dans deux réservoir établis au premier étage de l'établissement des bains, au moyen d'une pompe aspirante et foulante qu'un homme peut mettre en mouvement. Dans le premier réservoir, l'eau est reçue à sa température ordinaire; dans le second, elle est chauffée à la température voulue pour les bains. Mais la chaudière où on la fait chauffer est tout à fait insuffisante. Il faudrait la remplacer de manière à ce que sa capacité fût au moins triple de ce qu'elle est aujourd'hui.

L'établissement avait huit baignoires en zinc. Leur nombre était en disproportion évidente avec les bains demandés et beaucoup de baigneurs se fatiguaient à attendre leur tour. Les bénéfices de l'administration augmenteraient considérablement si l'on faisait une bonne fois les frais nécessaires, indispensables désormais, d'une installation suffisante. De toute nécessité, il importe de construire de nouveaux bains, — et, certes, ce n'est pas l'emplacement qui manquera ; — de faire en sorte que les baignoires soient en assez grand nombre pour suffire aux besoins des baigneurs [1]. De plus, les nouveaux bains devraient être pourvus d'un système complet de douches puissantes et d'appareils hydrothérapiques, comme on le fait aujourd'hui dans la plupart des établissements thermaux qui comprennent leur intérêt.

Grâce à ces améliorations qui seront faites au plus tôt, nous l'espérons, un très-grand nombre d'affections chroniques, auxquelles les eaux de Contrexéville n'ont point été appliquées jusqu'à ce jour, pourront être par elles traitées et guéries.

Le parc et les jardins de l'établissement sont plantés de beaux arbres d'essences variées. Leur végétation est vigoureuse, et, pour prendre un air de fête, ils n'attendent plus qu'une main intelligente qui sache les débarrasser du surcroît de végétation par lequel ils sont vieillis avant l'âge.

Les deux rivières qui longent et traversent l'établissement sont encore plus négligées que le parc et les jardins. Leurs eaux sont croupissantes et fétides ; elles pourraient développer des empoisonnements miasmatiques chez les personnes qui y sont prédisposées, et faire naître la maladie à la place de la santé que l'on vient demander à la source. Que les deux rivières soient donc nettoyées avec

---

[1] On construit en ce moment six nouveaux cabinets de bains.

soin, qu'on les endigue, qu'on les garnisse de galets, et leurs eaux, redevenues limpides, courantes, saines, seront un agrément de plus, un danger de moins [1].

On doit comprendre combien il nous a été pénible de critiquer, à nous surtout qui devons tant aux eaux de Contrexéville. Mais c'est précisément cette gratitude, que nous reconnaissons devoir à Contrexéville, qui nous a commandé de dire la vérité, rien que la vérité, toute la vérité. Nous espérons que personne ne s'y trompera.

En vain chercherait-on ailleurs les heureuses conditions de guérison et de santé réunies à Contrexéville. Les développer est donc du devoir de ceux auxquels appartient la direction de ces eaux bienfaisantes. Tout dépend d'eux, et, certes, ils trouveront leur profit à faire de Contrexéville un séjour agréable, un lieu enchanteur où les voyageurs accourreront en foule, sûrs au moins d'y retrouver la santé perdue. L'utile existe déjà. Qu'on y joigne l'agréable, et l'avenir de Contrexéville est assuré.

Nous avons appris, depuis la première édition de cette notice, que les lacunes que nous venons de signaler ont été comblées. D'importants travaux de captage ont rendu aux sources toute leur force primitive sous le

---

[1] Cette critique nous paraît surtout devoir atteindre l'administration municipale, qu'on nous a dépeinte peu jalouse d'améliorations qui pourraient introduire dans Contrexéville une apparence de confortable ; mais alors ce n'est pas seulement l'état des deux rivières qu'il faut attaquer, c'est encore la malpropreté de la voie publique, l'accumulation des fumiers, la trop libre circulation des animaux de basse-cour, etc., etc.

(*Note des Éditeurs.*)

double rapport de la quantité et de la qualité. Les bains ont été remaniés et augmentés avec intelligence, l'établissement agrandi et réparé, les jardins embellis. Notre critique bienveillante a porté ses fruits, notre voix a été écoutée ; et grâce à ces améliorations, indispensables du reste, Contrexéville se trouve à la hauteur des stations minérales les plus renommées.

§ IV. — PROPRIÉTÉS PHYSIQUES ET CHIMIQUES DES EAUX.

Disons maintenant quelques mots des propriétés physiques et chimiques de l'eau minérale de Contrexéville.

La source du *Pavillon* produit, par minute, soixante-dix-huit litres d'eau. Ce volume est constant durant les grandes chaleurs, mais il augmente après les grandes pluies. Nous avons dit déjà que, vu l'état du puits, les infiltrations d'eau commune étaient à craindre [1].

L'eau minérale a un goût de fer ; elle est fraîche, douceâtre et légèrement acidulée.

Sa limpidité est parfaite, et les variations de volume ne l'altèrent en rien.

Au fond des bassins qui la recueillent, ainsi que dans son parcours à l'air libre, elle laisse se former à sa sur-

---

[1] Une lettre de M. l'ingénieur des mines Jutier, que nous avons sous les yeux, annonce que la source du *Pavillon*, maintenant complétement aménagée, donne plus de 100 litres par minute, ou 144,000 litres par vingt-quatre heures ; celle du *Quai* 86,400, et celle du *Bain* 28,200. C'est l'énorme quantité de 250,200 litres par vingt-quatre heures pour l'établissement.

face une légère écume qui disparaît par l'agitation et se reforme au repos.

Sa température est, selon Mamelet, de 8 degrés et demi Réaumur; selon le docteur Baud, de 12 degrés centigrades. Quant à nous, nous avons reconnu qu'elle est fixe de 10 degrés et demi.

Des expériences réitérées ont prouvé qu'elle pèse, par litre, 2 grammes 20 centigrammes de plus que l'eau distillée.

Mise en ébullition, elle abandonne de l'acide carbonique, de l'oxygène, de l'azote ; le résidu déposé par elle contient du carbonate de chaux, de la magnésie, du sulfate de chaux. On y a encore signalé la présence de l'acide sulfurique, du fer et quelques traces d'arsenic.

Des savants distingués ont analysé, à diverses époques, l'eau minérale de Contrexéville ; nous devons donner le résultat de leurs travaux.

Voici d'abord l'analyse qui a été faite, en 1820, par Nicolas, sur 1 *pinte :*

	GRAINS.
Sulfate de chaux	5
Sulfate de magnésie.................	1/2
Muriate de soude....................	1 1/2
Protoxyde de fer surcarbonaté..........	1/2
Acide carbonique (*traces non appréciables*).	0/0
	7 1/2

Voici maintenant celle de M. Fodéré, professeur à Strasbourg, en 1822, sur *44 onces d'eau évaporée :*

	GRAINS.
Sulfate de chaux et de magnésie.........	24
Sous-carbonate de chaux et de magnésie..	28
Muriate de chaux et de magnésie........	1 1/2
Protoxyde de fer surcabonaté...........	1 1/2
Silice........................	2 1/2
Matière organique...................	0 1/2
	58

L'analyse suivante, plus détaillée, est aussi plus précise ; elle diffère de celles qui précèdent par le nombre et la nature des principes salins. Elle a été faite, en 1828, par M. Collard de Martigny, sur *deux kilogrammes* d'eau minérale :

	GRAMMES CENT.
Sulfate de chaux....................	2,159
Id. de magnésie	0,043
Sous-carbonate de chaux.............	1,611
Id. de magnésie............	0,033
Id. de soude................	0,007
Muriate de chaux....................	0,076
Id. de magnésie.................	0,028
Nitrate de chaux (*traces inappréciables*)...	»
Protoxyde de fer surcabonaté...........	0,181
Silice.............................	0,350
Matière organique...................	0,067
Perte	0,003

M. Collard a déterminé, pour la première fois, la nature et la proportion des gaz contenus dans l'eau de Con-

trexéville. A la température de 0° et sous la pression d'une colonne de mercure de 0^m,77, cette eau a été reconnue comme contenant un peu moins que les deux tiers de son volume de gaz.

Oxygène	11
Azote	30
Acide carbonique	59

Des expériences faites par M. Chevalier, membre de l'Académie de médecine, avec le concours de M. A.-F. Mamelet, ont constaté la présence de l'arsenic dans le résidu laissé par de l'eau de Contrexéville évaporée.

En raison de cette minime quantité, les eaux de Contrexéville seraient, écrivait M. Chevalier à M. A.-F. Mamelet (23 septembre 1850), « un médicament homœopathique, si l'arsenic ne jouissait pas de propriétés aussi marquées. Mais je crois que même cette petite quantité de matière toxique doit avoir de l'action sur l'économie. »

L'analyse la plus récente des eaux de Contrexéville est due à M. Ossian Henri, membre de l'Académie de médecine. Elle a été faite, en 1852, sur un litre de liquide, pris à la source du *Pavillon*.

		LITRES.
PRINCIPES VOLATILS.	Acide carbonique libre	0,019
	Azote avec un peu d'oxygène	*indéterminé.*

PROPRIÉTÉS CHIMIQUES.

			GRAMMES.	
PRINCIPES FIXES.	Bicarbonates	de chaux................	0,675	0,896
		de magnésie.............	0,220	
		de soude... anhydre.....	0,197	
		de fer et de manganèse...	0,009	
		de strontiane, sans doute carbonatée.............	indices.	
	Sulfates anhydres	de chaux...............	1,150	
		de magnésie............	0,190	
		de soude...............	0,130	
		de potasse.............	indices.	
	Chlorures	de sodium }	0,140	
		de potassium }		
		de magnésium	0,040	
	Iodure Brômure	alcalins ou terreux.......	indices.	
	Silicates	Silice }	0,120	
		Alumine }		
	Azotate		indices.	
	Phosphate de chaux ou d'alumine			
	Matière organique azotée		0,070	
	Principe arsenical, uni au fer sans doute.			
	Perte..................................			
	Principes minéralisateurs.......		2,944	1,000
	Eau pure....................		997,059	

Depuis lors (5 mai 1857), un mémoire adressé à l'Académie des sciences, par M. J. Nicklès, chimiste distingué, a signalé en particulier, dans l'eau de Contrexéville, la présence d'un nouvel élément chimique, le fluor, dont on ne connaît pas encore très-nettement les propriétés physiologiques et thérapeutiques.

« J'en ai trouvé, dit M. Nicklès, en quantités sensibles à l'état de fluorures. L'eau de Contrexéville en est bien plus riche que celle de Plombières... Le fait de la présence des fluorures dans des eaux minérales qui jouissent d'une réputation si méritée me semble de nature à appeler l'attention des médecins sur les propriétés thérapeutiques de ces combinaisons, propriétés non encore étudiées, bien qu'on sache qu'elles ne sont pas toxiques. »

Sans vouloir nier que la présence du fluor dans les eaux minérales ne puisse contribuer au développement de leur action thérapeutique, nous croyons qu'elle est loin de suffire à l'expliquer.

§ V.—ACTION PHYSIOLOGIQUE DES EAUX.

Étudions à présent l'action physiologique des eaux de Contrexéville.

Voici quels sont leurs premiers effets sur les buveurs : la respiration et la circulation sont accélérées ; toutes les sécrétions, et en particulier les urines et les selles, sont augmentées d'une manière très-notable.

Plus tard, après quelques jours d'usage, les eaux produisent des phénomènes bien marqués sur le système nerveux. On se sent pris d'une mobilité inaccoutumée ; on est sujet à l'insomnie, on fait des rêves fatigants, et les fonctions génitales éprouvent une surexcitation. Puis, tout l'organisme retombe dans une apathie générale.

Les eaux de Contrexéville sont prescrites à la dose de trois ou quatre verres durant les premiers jours, et, les jours suivants, selon une proportion progressive, on augmente la dose d'absorption, qui doit diminuer, selon la même proportion progressive, pendant les derniers jours du traitement.

Quoi qu'en aient dit nos prédécesseurs dans l'étude de ces eaux, il ne convient pas de les prendre à doses trop élevées. Leur très-puissante action sur toutes les fonctions de l'économie pourrait troubler l'équilibre de la santé générale. C'est pourquoi nous ne saurions trop avertir des dangers que courent les personnes qui, avec ou sans l'approbation de leurs médecins, absorbent, dans une même journée, quinze, vingt et jusqu'à trente verres de ces eaux, si bienfaisantes lorsqu'elles sont prises avec méthode et modération. Les absorber en pareille quantité est un excès condamnable, et auquel, par malheur, trop de buveurs semblent être portés. Nous ne craignons pas de leur dire que les débauches d'eau guérissante peuvent aboutir exactement aux mêmes résultats que les débauches d'un autre genre.

Contrairement à l'avis de quelques-uns de nos confrères, qui prescrivent aux malades de boire les eaux de Contrexéville à peu près à leur guise dans le courant du jour, et même, aux repas, mêlées au vin, nous pensons,—et cela après expérience,—qu'elles ne doivent être bues que le matin à jeun, et à la dose de dix verres tout au plus. En effet, si on les prend dans la journée, après, entre ou pendant les repas,—purgatives comme elles le sont,—elles troublent le travail de la digestion, le compliquent de telle sorte que les effets naturels du traitement s'en trouvent empêchés.

Que les malades y songent ! à force de vouloir précipiter le retour de leur santé, qu'ils n'en précipitent pas la perte! Nous ne saurions leur recommander avec trop d'insistance de suivre des prescriptions dont notre propre guérison et celle des personnes qui nous ont imité prouvent incontestablement la justesse.

Les eaux de Contrexéville sont, avant tout, diurétiques. Une heure à peine après leur ingestion,—c'est-à-dire après le quatrième verre,—si, comme on doit le faire, on en boit un verre de quart d'heure en quart d'heure, leur effet commence à se produire, et l'urine, évacuée dans la matinée, est environ d'un tiers supérieure en quantité à l'eau bue. Vivement sollicités, les reins exercent énergiquement leur fonction excrétoire et soustraient à l'économie plus de liquide que dans l'état normal.

Comme dans plusieurs autres stations thermo-minérales, à Contrexéville la cure est de vingt et un jours. Ce nombre de vingt et un jours ne peut pourtant pas être considéré comme absolu. On doit continuer à boire plus longtemps si l'état morbide se perpétue et tant qu'il subsiste. Du reste, la saturation se produisant toujours par une répulsion instinctive, on est par elle assez averti de l'heure à laquelle la médication doit être abandonnée. Cette saturation survient le plus souvent entre le seizième et le vingtième jour.

Quoique le caractère spécial de l'eau de Contrexéville soit d'être éminemment diurétique, il s'en faut de beaucoup qu'elle reste sans action sur le reste de l'organisme. Nous devons donc faire connaître à présent comment elle agit sur les principaux organes de l'économie.

§ VI. — APPAREIL DIGESTIF.

Pendant tout le traitement, les fonctions de l'appareil digestif sont fortement stimulées. L'appétit des buveurs est tellement surexcité que tous sont portés à abuser de la nourriture, et que les cas d'indigestion sont des plus fréquents.

Souvent il arrive que nombre de buveurs, se traitant pour la goutte ou la gravelle, voient disparaître certain état dyspepsique qui jusqu'alors avait résisté à toute espèce de médication.

Pendant les libations de la matinée, les selles se multiplient plus ou moins, suivant la susceptibilité du sujet. Jamais pourtant ces selles ne fatiguent autant qu'une purgation ordinaire. Habituellement, l'état normal se rétablit dans la journée même.

D'autre part, malgré l'action stimulante de l'eau de Contrexéville sur l'estomac, si on la boit à dose trop forte et trop coup sur coup, elle provoque parfois sur le cerveau des vertiges, des étourdissements, une sorte d'ivresse, enfin, très-comparable à celle que l'on éprouve après un repas copieux. Les abus de l'eau peuvent amener des accidents encore plus graves. Nous pourrions citer M. R..., qui a été très-sérieusement indisposé, et que son indisposition n'a pas guéri de son intempérance hydrominérale.

Néanmoins, — hâtons-nous de le dire, — l'eau de Contrexéville est peut-être, de toutes les eaux minérales, celle que l'on peut boire impunément en plus grande quantité.

§ VII.—APPAREIL PULMONAIRE.

C'est surtout sur l'appareil pulmonaire qu'apparaît l'incitation si puissamment vitale et dynamique de l'eau de Contrexéville. Par son usage ont été guéris des cas nombreux de bronchite et de laryngite chroniques.

Qu'il me soit permis de me considérer moi-même comme sujet d'observation.

En 1858, je suis arrivé à Contrexéville atteint d'un commencement d'angine. Il provenait de ce que toute une nuit, passée en voyage, j'avais été exposé à un courant d'air produit par l'ouverture d'une portière. A cause de cette complication de mon état morbide, je craignais de ne pouvoir immédiatement me soumettre à la cure par l'eau minérale. J'allai pourtant à la source, et quel ne fut pas mon étonnement lorsque je m'aperçus qu'après ma première séance l'angine avait complétement disparu!

Une autre fois, méconnaissant toutes les règles de l'hygiène,—cela, faut-il l'avouer? par la faute d'un de nos plus spirituels académiciens, M. de Saulcy, qui raconte avec trop de charme ses excursions à la mer Morte et ses voyages à travers les régions les plus fantastiques,—je m'étais oublié à rester en plein air et fort légèrement vêtu jusqu'à près de minuit. Je payai mon imprudence d'une nouvelle angine beaucoup plus caractérisée que la première. J'allai néanmoins à la source, et, comme précédemment, je me trouvai guéri le jour même.

Il me serait facile de multiplier les exemples. Ceux-ci ont dû me convaincre. Ne suffiront-ils pas à convaincre mes lecteurs?

§ VIII.—APPAREIL GÉNITAL.

L'excitation générale que l'eau de Contrexéville produit sur les organes génitaux découle naturellement de la suractivité qu'elle imprime à tout l'organisme. Cette excitation se traduit, chez les hommes, par des érections plus fréquentes que d'habitude, par des pollutions nocturnes, et même, chez quelques-uns, par des désirs charnels depuis longtemps oubliés. Chez les femmes,—à cause de leur nature particulière et de leur organisation différente de celle des hommes,—l'excitation a pour effets principaux d'avancer les époques menstruelles, de rendre les règles plus abondantes et de plus longue durée. On peut donc, aux propriétés déjà nombreuses de l'eau de Contrexéville, ajouter, sans crainte d'être contredit, la propriété *aphrodisiaque*.

On comprend sans peine quels services pourraient être retirés des propriétés toniques de cette eau, de son application sous forme de bains et surtout de douches, pour les cas d'engorgement et de déplacement de l'utérus. Si les bains et les douches étaient bien organisés à Contrexéville, cette station d'eau minérale n'aurait rien à envier à celles qui ont acquis le renom de guérir le mieux les affections de cette sorte [1].

§ IX.—APPAREIL URINAIRE.

L'eau de Contrexéville, grâce à l'étonnante rapidité avec laquelle elle circule, grâce aussi à l'action de sa *vitalité* particulière, nettoie complétement l'appareil urinaire de la même manière qu'un tuyau serait désobstrué par un fort courant d'eau. On peut dire qu'elle fait l'office d'un puissant irrigateur agissant à l'intérieur par des irrigations souvent répétées. En effet, l'eau arrive si promptement dans la vessie qu'en la parcourant elle n'est pas modifiée bien sensiblement dans sa composition chimique; elle lave les parois des organes urinaires, entraîne avec elle les mucosités et concrétions qui les tapissent, excite la vessie à expulser avec énergie tous les produits pathologiques en rapport avec la dimension du canal de l'urètre.

L'eau de Vichy ne modifie, d'une manière heureuse, que la diathèse urique, et, par contre, *elle empire l'état pathologique de l'appareil urinaire.* L'eau de Contrexéville lui est bien supérieure en ce *qu'elle guérit toutes les manifestations de la gravelle,* fait disparaître en peu de

---

[1] Nous venons d'établir précédemment que de très-importantes améliorations avaient été apportées dans tous les services, et en particulier dans celui des bains.

jours l'inflammation, la suppuration ou l'hypertrophie qui constitue d'ordinaire l'état morbide des reins, des uretères, de la vessie et de la prostate; en un mot, rétablit l'équilibre, ramène l'harmonie, remet à neuf les organes génitaux dans leur ensemble.

Le docteur Civiale avait, avant nous, constaté le fait, « qu'il lui paraît démontré que les eaux de Contrexéville « possèdent la propriété d'exciter fortement la contrac- « tilité de l'appareil urinaire, et que cette propriété les « rend utiles pour déterminer l'expulsion des gros gra- « viers, en même temps qu'elle conduit à un diagnostic « plus certain de la pierre vésicale, question qui a plus « de portée qu'on ne pense; tandis qu'à Vichy, je le « répète, les eaux sont propres surtout à modifier utile- « ment la sécrétion rénale, et qu'elles exercent sur la « contractilité de la vessie un effet sédatif tel qu'aux eaux « grand nombre de malades cessent momentanément de « souffrir et se croient guéris [1]. »

L'eau de Contrexéville a tellement de puissance, elle est douée d'une vitalité si énergique, que non-seulement elle débarrasse l'économie de l'excès d'acide urique, mais encore précipite au fond du vase l'acide urique et l'urée contenue dans les urines normales des personnes non graveleuses, et qui,—qu'on le remarque avec soin,—ne sont d'aucune façon sous l'influence de la diathèse urique.

---

[1] Ouvrage cité, p. 90-94.

Bien souvent, durant mon séjour à Contrexéville, j'ai été à la fois observateur et consulté à cet égard. Certains buveurs, dont, avant leur arrivée, les urines ne déposaient plus, s'étonnaient de les voir déposer de nouveau, et même assez abondamment. Ils étaient portés à quitter la station, s'y croyant plus malade qu'avant leur arrivée. En leur expliquant théoriquement le fait, j'ai eu le bonheur d'en retenir quelques-uns. Plus tard, ils n'ont eu qu'à me remercier de les avoir rassurés.

Malgré le respect que nous professons pour l'autorité scientifique de M. Civiale, nous ne pouvons admettre avec lui qu'il faut cesser l'usage de l'eau de Contrexéville ou de celle de Vichy quand elles déterminent d'abondantes émissions de sable ; c'est le cas, plus que jamais, d'insister sur leur emploi.

« En pareil cas, dit M. Civiale, les eaux sont éminem« ment nuisibles ; elles peuvent, à la longue, donner la « maladie que l'on croyait combattre, et agissent comme « cause déterminante de la gravelle. » (Civiale, *Traitement de la pierre et de la gravelle,* pages 77-92.)

Plusieurs autres personnes, venues à Contrexéville sous divers prétextes autres que la maladie, pour accompagner des parents, par exemple, ayant bu accidentellement de l'eau minérale, me prièrent d'examiner leur urine, car elles étaient inquiètes du dépôt abondant qu'elles y remarquaient. J'eus beaucoup de peine à faire comprendre à nombre d'entre elles qu'elles n'étaient pas atteintes de la gravelle.

L'usage de l'eau de Contrexéville, à doses même peu élevées produit encore une douleur permanente dans la région des reins. Il est peu de buveurs qui ne s'en plaignent. Il en est beaucoup qui s'en préoccupent outre mesure.

Cette douleur, presque générale au début du traitement, provient de l'exagération des fonctions des reins. Elle dure habituellement dix à douze jours, et cesse pour ne plus revenir durant le reste de la cure. Nous avons tenu à en indiquer la vraie cause, afin que les malades ne s'y trompent pas et cessent de l'attribuer à un état morbide dont ils ne sont point affectés.

Presque tous les buveurs éprouvent aussi une dysurie qui, chez quelques-uns, est poussée jusqu'à l'impossibilité de la miction. Cette difficulté de l'émission de l'urine n'est que momentanée. Du reste, elle s'explique par l'excitation que l'eau minérale produit particulièrement sur le col de la vessie et, de plus, par la distension démesurée de la vessie elle-même, qui perd alors de sa contractilité.

Les buveurs simplement affectés de diathèse urique voient vite disparaître, sous l'action de l'eau, l'excès d'acidité dont nous attribuons surtout la cause à l'excès de nutrition et au défaut d'excrétion.

Quant aux personnes affectées de gravelle phosphatique, leurs phosphates insolubles sont éliminés ; grâce aux modifications qu'apporte à l'économie l'action de l'eau absorbée, leur urine ne tarde pas à reprendre les caractères acides qu'elle possède à l'état normal.

EXAMEN ABRÉGÉ

DES

PRINCIPALES AFFECTIONS

TRAITÉES A CONTREXÉVILLE.

DE LA GRAVELLE.

En abordant cette importante question de la gravelle, nous devons commencer par émettre une proposition, passée pour nous à l'état d'axiome, en dépit de ce qu'ont dit de contraire tous les auteurs qui nous ont précédé dans l'étude de cette affection. Tous, ils ont admis différentes variétés de gravelle et les ont décrites, en détail, les unes après les autres.

Quant à nous, nous posons en fait qu'*il n'existe qu'une seule espèce de gravelle, la diathèse urique,* et nous ne considérons les autres manifestations de la gravelle que comme des degrés plus avancés de cette diathèse.

En effet, les différentes modifications chimiques que présentent les sables, graviers ou concrétions expulsés, proviennent uniquement de la gravité plus ou moins grande du trouble fonctionnel et de l'état pathologique de l'appareil urinaire.

Si l'on s'occupait uniquement de l'analyse chimique des sels ou concrétions, solubles ou insolubles, en dépôt dans l'urine, certes, on pourrait créer un nombre infini de gravelles, car ces dépôts peuvent varier de nature chimique, selon l'idiosyncrasie et le régime des individus, ou bien selon la prédominance de tel ou tel état pathologique, soit des reins, des bassinets, des uretères, de la vessie ou de la prostate.

Cela est si vrai, que les diverses variétés de gravelle observées à Contrexéville ne tardent pas, après quelques jours d'un traitement qui, dans presque tous les cas, modifie heureusement l'état morbide de l'appareil urinaire, à revêtir le type *unique* de gravelle urique. « J'ai vu, dit « M. Baud, dans son *Étude sur Contrexéville*, dans le « cours d'une saison, des sédiments rouges succéder aux « sédiments phosphatiques de certains malades excep- « tionnellement dynamisés (page 82). » Ce que M. Baud croit exceptionnel est la règle ; car, dès l'instant où les organes malades sont modifiés par l'action de l'eau minérale, les sécrétions de composition chimique différente disparaissent, et plus l'appareil urinaire se rapproche de l'état normal, plus le dépôt observé dans l'urine se rapproche de son type régulier, en fournissant l'urée et l'acide urique pur.

Les matières organiques sécrétées par l'appareil urinaire, en raison de son état pathologique, en arrivant dans la vessie, développent, comme tous les produits de décomposition, une quantité notable d'ammoniaque, qui, par sa combinaison avec l'acide urique et l'urée, donne lieu à la formation d'urates d'ammoniaque, de carbonates d'ammoniaque, ou bien produit le phosphate ammoniaco-magnésien. Il se produit encore de l'oxalate de chaux, si la base se trouve ne pas être la même par des causes susindiquées.

Tous les produits insolubles se précipitent, et s'ils ne sont pas, dans un temps assez court, expulsés de la vessie, ils donnent naissance à un ou plusieurs calculs, qui plus tard nécessiteront une opération.

Quant à la matière organique en excès, c'est d'elle que provient le plus constamment le catarrhe vésical. L'urine en contact avec ces sécrétions morbides s'altère, devient ammoniacale, par conséquent fortement alcaline, surtout si elle séjourne longtemps dans la vessie et si elle s'y trouve retenue par une tuméfaction du col ou de la glande prostate.

En résumé, la gravelle est *une* en principe, et c'est la *diathèse urique*. Elle ne varie que dans sa composition chimique, en raison de telle ou telle prédisposition pathologique de l'appareil urinaire.

Je dirai plus. Pour que la gravelle urique puisse se

produire, il faut même que l'appareil urinaire ait perdu quelque chose de son intégrité première, et qu'il préexiste un état subinflammatoire, par exemple. La présence de la matière solidifiable dans l'urine ne peut s'expliquer que par une surexcitation, un trouble, un vice dans la fonction des reins.

Reste la *diathèse*. Mais nous croyons, quoi qu'on en ait dit, que les diathèses sont modifiables. Toutefois, de tous les moyens curatifs employés contre elles, nous ne connaissons que les eaux minérales qui aient vertu souveraine ; pour nous, les eaux minéro-thermales sont l'eau du Jourdain, l'eau lustrale, qui nous lave du péché originel de la diathèse. L'on doit dire des eaux de Contrexéville, en particulier, que si elles ne détruisent pas entièrement la diathèse de la gravelle, elles la modifient à un tel point qu'elles mettent les malades à l'abri des souffrances et des accidents, souvent pour le reste de leur vie.

§ I.—DIATHÈSE URIQUE.

On reconnaît qu'un individu est sous l'influence diathésique de la gravelle, quand, par le repos et le refroidissement, l'urine laisse *habituellement* déposer un sable rouge assez abondant. Le plus souvent, un pareil état de choses ne fait éprouver aucune sensation pénible ; ce n'est pas encore la gravelle, mais c'est déjà une tendance, une prédisposition au développement de cette affection. Les urines qui déposent une certaine quantité de sable rouge présentent toujours un excès d'acidité. Sous l'influence d'une cause quelconque, ce sable des urines, qui peut être blanc, car l'acide urique pur est blanc, au lieu d'être entraîné avec elles, peut se déposer dans le rein et constituer les premiers éléments de la formation de graviers plus ou moins volumineux, mais qui le sont d'autant moins que leur nombre est plus considérable. Les graviers peuvent se former de diverses manières : ou bien ils s'agrègent, ou bien ils se superposent, ou encore ils sont reliés les uns aux autres par de la matière animale, ou enfin ils se cristallisent. Toutefois, hâtons-nous de dire qu'il ne faut pas confondre ce dépôt d'acide urique avec celui qu'on peut rencontrer accidentellement dans les urines, à la suite d'une grande fatigue, d'un excès de table, d'un accès de fièvre, ou comme conséquence d'une phegmasie générale.

§ II. — CAUSES.

Les causes de la gravelle sont multiples et complexes; mais, dans la production de ces causes, c'est l'hérédité qui, selon nous, joue le principal rôle. C'est elle, en effet, qui crée les *diathèses,* souillures originelles, car nul n'en est exempt, et elles se traduisent de génération en génération, sous telle ou telle forme, selon l'idiosyncrasie des individus. Ainsi, rhumatisme, goutte, gravelle, affections herpétiques, asthme, catarrhe bronchique, hémorrhoïdes, etc., sont des phénomènes de même nature, représentés héréditairement par l'un ou l'autre de ces états morbides.

De toutes les formes héréditaires, la goutte est celle qu'il faut mettre en première ligne. Dans leurs différents ouvrages sur la goutte et la gravelle, les docteurs Rayer, Baud, Raoul, Leroy d'Etiolles, vont jusqu'à admettre l'identité de la gravelle urique et de la goutte.

M. Rayer « assimile ces deux maladies et les considère comme deux manifestations du même état morbide. »

M. R. Leroy d'Etiolles, dit « que la gravelle peut être la seule personnification de la goutte, avec laquelle elle marche de front. »

M. Baud, regarde les individus affectés de diathèse urique « comme ayant un pied dans le camp de la gravelle et l'autre dans celui de la goutte. »

Pour notre part, nous acceptons pleinement l'opinion de l'indentité de la gravelle et de la goutte, et nous ajoutons que, dans le premier cas, les dépôts et concrétions se font exclusivement dans l'appareil urinaire, tandis que, dans le second, ils se forment autour des articulations.

Après les causes diathésiques héréditaires, viennent les causes déterminantes :

1° L'usage habituel des aliments suranimalisés et surabondants, des liqueurs spiritueuses, en un mot, les plaisirs de la table, sont regardés par tous les médecins comme les causes qui prédisposent le plus à la gravelle.

De tous les auteurs que nous avons consultés, M. Civiale est le seul qui ne soit pas de cet avis.

Sans doute, une nourriture trop substantielle ne suffit pas toujours à produire *directement* la gravelle, mais il nous paraît impossible de nier qu'un régime trop excitant ne contribue puissamment à la développer. A la théorie étayée de l'autorité de M. Civiale, qu'il nous suffise d'opposer le temps, l'expérience et les faits. Néanmoins pour que le péché de gourmandise habituelle puisse produire un aussi triste résultat, il faut que l'on soit entaché de diathèse graveleuse; sans cela tous les gros mangeurs, ainsi que les personnes trop nombreuses qui font abus des spiritueux, seraient atteintes de la goutte ou de la gravelle, et chacun connaît assez de trop bons vivants, dont les écarts de régime sont passés à l'état d'habitude, pour savoir que, généralement, il n'en est pas ainsi.

2° Après la gourmandise vient l'obésité, qui n'en est le plus souvent que le complément. A part quelques exceptions, qui sont la conséquence trop directe de l'hérédité, il est rare, en effet, de rencontrer un graveleux maigre efflanqué. Tous ou presque tous ont une prestance carrée, un certain degré d'obésité, et sont, en un mot, solidement constitués. L'obésité, même diathésique, c'est-à-dire celle qui n'est pas la conséquence d'un régime exagéré, indique déjà l'excès de nutrition et le défaut d'excrétion. On comprend tout de suite à quelles affections sont prédisposés les individus de cette catégorie; ils ont déjà fait le premier pas vers la goutte ou la gravelle.

3° L'abus des plaisirs vénériens joue un rôle plus considérable qu'on ne le suppose dans les causes déterminantes de la gravelle ; les phénomènes d'innervation et l'ébranlement nerveux qui succèdent au coït, et dont le retentissement se produit directement sur l'appareil génito-urinaire, sont, pour ainsi dire, une cause permanente d'irritation et d'inflammation des parties de cet appareil, une cause permanente de trouble dans ces fonctions, surtout si le coït est souvent répété.

En ce cas, il y a, si j'ose dire, complicité des causes ; car tout individu qui épuise ses forces de cette manière éprouve la nécessité de les réparer amplement au moyen d'une nourriture abondante, succulente, excitante, fortement azotée, largement pourvue, en un mot, de tous les éléments de suranimalisation.

Sous l'influence d'un pareil régime, admettons, par hypothèse, un grain de prédisposition diathésique, et la gravelle apparaît !

4° La vie sédentaire, le décubitus prolongé, trop souvent conséquence du régime, de l'obésité, de la nonchalance, suite des excès de coït, sont encore des causes déterminantes de premier ordre et qui se lient aux précédentes.

5° La suppression de la transpiration habituelle, la disparition subite des hémorrhoïdes, une constipation opiniâtre sont des causes déterminantes de second ordre ; mais elles ont encore assez de puissance, dans le développement de cette affection, pour que l'on ne néglige pas de les indiquer.

6° Chez les femmes, en outre de toutes les causes que nous venons d'énumérer, l'insuffisance de la menstruation ou sa disparition normale sont les seules que nous ayons à noter.

Quant à la théorie basée sur les acides introduits en excès dans l'économie, comme cause de production de la gravelle, il nous est impossible de l'accepter par respect des lois de la physiologie. En effet, il y a transformation des acides dans le travail de la digestion, et c'est sous une tout autre forme qu'ils sont assimilés.

Pourtant, une seule exception doit être faite à propos de l'oseille; car l'oxalate de chaux qu'elle contient en abondance se retrouve à l'état naturel dans les urines peu d'instants après après son ingestion.

§ III. — INFLUENCE DE L'AGE ET DU SEXE.

Sans être aussi fréquents que chez les adultes, les cas de gravelle ne sont cependant pas rares chez les enfants. Plusieurs années de suite, nous avons vu à Contrexéville un certain nombre d'enfants, âgés de neuf à dix ans, soumis au traitement par les eaux.

La gravelle s'observe plus fréquemment chez les petits garçons que chez les petites filles. Les hommes y sont plus sujets que les femmes. Les coliques néphrétiques, terrible symptôme par lequel la gravelle se manifeste, sont généralement plus intenses chez l'homme que chez la femme. La structure anatomique des uretères, plus amples chez la femme, donne la raison de cette diminution d'intensité.

Enfin la gravelle se montre surtout chez les hommes faits, et là avec toute sa violence. Très-commune chez les vieillards, elle cesse alors d'être aussi agressive et se complique presque toujours, soit d'une pyélite, soit d'un catarrhe de la vessie. Cet état plus avancé de la maladie indique que l'appareil urinaire, sous l'influence d'une phegmasie le plus souvent subaiguë, a considérablement perdu de son intégrité.

§ IV.—SYMPTÔMES.

Exposons très-brièvement les symptômes de la gravelle.

Dans la définition de cette maladie et dans le chapitre consacré à l'action physiologique des eaux de Contrexéville, nous avons déjà fait connaître quelques-uns de ces symptômes. Nous étendre plus longuement ne pourrait être qu'une répétition inutile. Il en est néanmoins quelques-uns, mais en petit nombre, qui doivent trouver leur place ici.

La symptomatologie des graveleux se traduit ordinairement par un sentiment de chaleur, de douleur et de pesanteur dans la région des reins. Généralement, par la percussion, on trouve le rein malade plus volumineux qu'à l'état normal. Quelquefois on détermine de la douleur par la pression ; parfois aussi la douleur devient lancinante dans l'exécution de certains mouvements.

Si on examine alors les urines, on les trouvera certainement chargées d'un sable rouge-brique qui se déposera par le refroidissement, adhérera fortement aux parois du vase, et les urines seront acides en excès.

Si le sable vient à s'agglomérer, à former des graviers, ces graviers ne seront expulsés de l'appareil urinaire qu'en causant aux malades les douleurs les plus atroces, connues, hélas ! d'un trop grand nombre de graveleux, et décrites, dans les traités spéciaux, sous le nom de *coliques néphrétiques*. Nous ne nous sommes pas donné pour mission de les décrire de nouveau ici. Disons seulement que leur intensité n'est pas toujours en rapport avec le volume des graviers engagés dans la filière des voies urinaires.

La forme des graviers, plus ou moins garnis d'aspérités, la susceptibilité nerveuse du malade, l'élasticité et l'ampleur des uretères, qui varient suivant les individus, viendront diminuer ou augmenter l'horreur de cette torture, qu'il suffit d'avoir éprouvée une seule fois dans la vie pour ne plus jamais l'oublier. . . . .
. . . .

§ V.—DIAGNOSTIC.

Les symptômes par lesquels la gravelle se manifeste

sont généralement si faciles à reconnaître pour l'œil exercé du médecin, que le diagnostic ne peut être que différentiel.

Dans la production des symptômes aigus, il sera donc urgent de ne pas confondre les coliques néphrétiques avec des accidents qui auraient leur siége dans le tube intestinal, avec l'iléus, par exemple.

Du reste, les antécédents du malade suffiront toujours pour éclairer définitivement le diagnostic, s'il pouvait rester encore quelques doutes dans l'esprit.

§ VI.—PRONOSTIC.

Le pronostic de la gravelle est très-sérieux, surtout quand elle existe avec tout le cortége habituel de ses complications. Beaucoup de vieillards qui avaient pu résister jusque-là succombent à l'envahissement de la maladie, à cette époque de la vie où l'équilibre entre le statisme et le dynamisme se trouve rompu; en d'autres termes, quand la vitalité individuelle n'a plus assez de force pour opérer une réaction. Pour les raisons contraires, le pronostic offre moins de gravité chez les adultes.

Pourtant, la mort peut quelquefois arriver pendant les crises de coliques néphrétiques, comme nous avons eu nous-même l'occasion de le constater récemment. Mais, par bonheur, des résultats si graves sont fort rares. M. B., agent de change, a succombé, l'année dernière, au milieu des souffrances les plus terribles. L'autopsie a été faite, et l'on trouva l'uretère perforée par un gravier d'un fort volume, qui, tombé dans la cavité abdominale, avait occasionné un épanchement péritonéal. Quelques mois plus tard, M. X., employé à la mairie du cinquième arrondissement, jeune homme de trente-cinq ans, plein de vie et de santé, succombait sous la violence d'accidents du même genre. Il est très-regrettable que l'autopsie n'ait pas été faite.

Puisque la gravelle, ou plutôt les accidents qu'elle cause, peuvent quelquefois amener une terminaison funeste, il ne faut donc rien négliger pour se débarrasser de cette affection.

Traitement hygiénique, traitement prophylactique, traitement curatif, tous doivent être mis en œuvre, même dès qu'on peut être convaincu qu'on en est atteint.

§ VII.—TRAITEMENT.

Pour le traitement curatif, nous n'avons qu'à renvoyer à ce que nous avons dit des eaux de Contrexéville, au chapitre de leur action physiologique. Qu'il nous suffise seulement de faire ici la déclaration suivante : c'est que, en dehors des eaux minérales, tous les moyens employés ou préconisés contre la gravelle sont et ne peuvent être que des palliatifs.

§ VIII.—Régime, hygiène, prophylaxie.

Si les médicaments pharmacologiques ont d'ordinaire peu de puissance contre la gravelle, si quelquefois les eaux minérales elles-mêmes ne produisent pas l'effet attendu, on retirera toujours, et quand même, un résultat réel au moyen du régime et des précautions hygiéniques rigoureuses.

Avant tout, il importera que le malade change ses habitudes gastronomiques. Il faudra que désormais sa nourriture soit peu abondante, et surtout privée des éléments azotés qui constituent la suranimalisation. Ainsi, l'on pourra faire varier la proportion d'acide urique contenue dans l'urine. Donc, viandes blanches, volaille, légumes herbacés, vin de Bordeaux coupé avec moitié d'eau, voilà ce qui devra constituer son alimentation principale. Les liqueurs alcooliques seront proscrites absolument des habitudes de ceux qui sont atteints de la gravelle ou simplement sous l'influence de la diathèse urique. Sans se priver complétement des acides, on ne les recherchera pas; on prendra garde d'en faire abus. L'oseille, les tomates, les haricots verts, les fruits aigres, devront être évités. Quant aux asperges, elles sont formellement interdites aux graveleux. La perturbation qu'elles produisent sur le système réno-vésical est tellement forte qu'elle suffit à elle seule pour déplacer en masse des concrétions qui peut-être n'auraient causé isolément aucune douleur. Que cette perturbation soit attribuée à l'effet diurétique des asperges, à l'odeur qu'elles communiquent aux urines, à la décomposition qu'elles opèrent sur elles, ou à toute autre cause, toujours est-il que nous avons vu très-fréquemment les coliques néphrétiques survenir après ingestion, même en petite quantité, de ces légumes.

De plus, il est indispensable que les personnes atteintes de la gravelle ne se laissent pas aller aux habitudes nonchalantes auxquelles elles n'ont que trop de tendance en raison de leur constitution. Il faut qu'elles prennent un exercice quotidien et soutenu, qui, par la transpiration, excite les sécrétions.

Nous avons dit, en énumérant les causes de la gravelle, que le coït très-fréquent produisait un grand trouble sur les fonctions génito-urinaires. C'est pourquoi il devra être interdit aux vieillards, et, quant aux adultes, ils doivent s'observer très-rigoureusement et ne se permettre les rapprochements sexuels que très-rarement, comme, par exemple, une fois par semaine et *une fois chaque fois*.

Enfin, il est de toute nécessité, selon nous, que les graveleux guéris ou non guéris, afin d'éviter le retour du mal et d'exciter le mieux, ne manquent pas une seule année d'aller faire une visite aux eaux dont ils se seront déjà trouvés bien. On connaît notre prédilection motivée pour Contrexéville.

DE LA CYSTITE ET DU CATARRHE DE LA VESSIE.

Dans un ouvrage principalement destiné aux eaux de Contrexéville, nous n'avons pas l'intention d'empiéter sur le domaine de la pathologie générale et de traiter la cystite dans tous ses détails. Mais comme cette affection est souvent la conséquence de la gravelle, qu'elle en constitue une complication qui entrave la marche et retarde la guérison de cette dernière affection, il nous a paru utile d'en donner une courte analyse.

La cystite, et principalement la cystite du col, se montre très-fréquemment chez les hommes, qui y sont plus sujets que les femmes; la disposition anatomique des organes sexuels en explique la raison.

§ I.—CAUSES.

Les causes qui peuvent déterminer la cystite sont très-nombreuses, mais nous n'avons à nous occuper ici que de celles qui la déterminent directement ou indirectement. Le passage dans la vessie des sables, graviers, concrétions et calculs, le cathétérisme, les rétrécissements du canal, le séjour prolongé des sondes dans la vessie, la propagation de la phlegmasie urétrale, les injections trop irritantes ou intempestives, telles sont les causes de la cystite.

§ II.—SYMPTÔMES, MARCHE.

Le malade éprouve d'abord une douleur sourde à la

région hypogastrique, puis de fréquents besoins d'uriner qu'il ne peut jamais satisfaire complétement. Il survient alors un mouvement fébrile très-intense, ainsi qu'un ténesme vésical des plus prononcés. La vessie, continuellement excitée par la présence de l'urine, ne cesse de se contracter, et ce n'est qu'avec les plus grands efforts que les malades peuvent rendre quelques gouttes d'un liquide troublé, épais, déposant des mucosités analogues à l'albumine de l'œuf et adhérentes aux parois du vase. L'inflammation peut devenir tellement intense, qu'il survienne une rétention complète d'urine et que le malade ne puisse être soulagé que par le cathétérisme, ce qu'il redoute toujours. D'autres fois enfin, si la maladie continue, la vessie, perdant de son élasticité, cesse de se contracter et laisse échapper les urines goutte à goutte, à mesure qu'elles arrivent dans ce réservoir naturel.

La cystite peut passer à l'état chronique et durer plusieurs années; les mucosités des urines deviennent de plus en plus abondantes, et quelquefois si épaisses, qu'elles forment une véritable boue qui peut plus tard dégénérer en gravelle. C'est cet état chronique que l'on a désigné sous le nom de catarrhe vésical. Autrement, la durée de la cystite aiguë ne se prolonge guère au delà de huit à dix jours, et se termine le plus souvent par résolution. Les symptômes de la cystite ne débutent pas toujours d'une manière aussi grave; souvent même les malades n'y font que peu d'attention; il n'existe point de fièvre et l'affection disparaît d'elle-même sans exiger une médication.

§ III. — TRAITEMENT.

Quand la cystite débute par l'état aigu, c'est surtout aux applications de sangsues que l'on doit avoir recours. En même temps, l'on fera prendre aux malades des bains entiers très-prolongés et souvent renouvelés, des boissons mucilagineuses, telles qu'une légère décoction de graine de lin édulcorée avec le sirop d'orgeat, toujours en petite quantité, afin de ne pas exciter la vessie à se contracter trop souvent. Mais ce qui les soulage le plus vite et fait presque immédiatement cesser les envies fréquentes d'uriner, c'est l'administration, soir et matin, de quarts de lavement froid, additionnés de huit à dix gouttes de laudanum de Sydenham. Ces quarts de lavement, légèrement narcotiques, ont l'inconvénient, il est vrai, de causer une constipation opiniâtre, mais à laquelle on peut toutefois obvier par l'emploi de lavements laxatifs ou de quelques légers purgatifs.

Plusieurs autres médicaments ont encore été préconisés dans le cas de prolongation de la maladie : tels sont le cachou, la térébenthine, la teinture de cantharides, celle-ci à très-faibles doses ; la décoction de bourgeons de sapin du Nord, etc. De tous ces médicaments, nous donnons la préférence à la térébenthine cuite de Venise, expérimentée par Dupuytren, qui, dans certains cas, en a obtenu de bons résultats, mais dont on doit restreindre l'usage en raison de l'irritation qu'elle peut occasionner sur les voies urinaires.

Mais lorsque le médecin a constaté la cystite à l'état chronique, accompagnée si souvent, en ce cas, du catarrhe vésical, et que les moyens ci-dessus énumérés ont été reconnus impuissants, le malade n'a d'autre recours que les eaux minérales. Celles de Contrexéville, en particulier, opèrent sur la cystite et le catarrhe vésical des effets curatifs constatés par la publication d'un nombre très-considérable de cas de guérison.

DE LA PROSTATITE.

Un des mots que nous avons entendus prononcer le plus souvent par les buveurs, à Contrexéville, à Vichy et ailleurs, est celui de prostate. Mais, chose fort étrange, c'est que presque personne ne savait au juste ce que ce mot représente. Il est donc indispensable que nous décrivions brièvement les caractères anatomiques et les fonctions de cette glande mystérieuse.

§ I.—PRINCIPAUX CARACTÈRES ANATOMIQUES DE LA PROSTATE.

Son nom, *pro, stat, (située devant)* indique en quelsorte sa position. En effet, la prostate est une glande située sur la ligne médiane, à la partie inférieure du col vésical qu'elle embrasse intimement, en avant du rectum, au-dessus du plancher périnéal et au-dessous des pubis. Sa forme peut être comparée à celle d'un cône tronqué dont le sommet correspondrait au point où commence la portion membraneuse de l'urètre.

Sa face supérieure embrasse le col de la vessie et se combine par l'aponévrose qui l'enveloppe avec l'aponévrose pelvienne supérieure.

Sa face postérieure répond au rectum, auquel elle est unie par un tissu dense résistant et non graisseux ; elle appuie exactement sur le plancher périnéal.

Son sommet présente l'orifice par lequel se dégage le canal de l'urètre, presque toujours logé dans un anneau complet que lui fournit la prostate.

La partie prostatique du canal présente deux gouttières latérales, séparées par une crête (*verumontanum*) ; de chaque côté se trouvent plusieurs pertuis, orifices excréteurs de la glande.

La prostate demeure dans une espèce de loge aponévrotique très-résistante ; elle tire sa nourriture des vaisseaux du voisinage. Le tissu de la prostate est dense, résistant, criant sous le scalpel, ce qui est dû à la proportion assez forte de tissu fibreux dont elle se compose.

Cette glande diffère de grosseur selon l'âge des individus ; à l'état rudimentaire chez l'enfant, elle peut devenir énorme chez le vieillard. Il est extrêmement rare de la voir manquer complétement.

La prostate se développe et prend ses proportions habituelles vers l'époque de la puberté. Elle a surtout pour fonction de sécréter un liquide incolore, muqueux et filant, qu'on pourrait, au premier abord, confondre avec le sperme. Ce liquide a pour mission de lubrifier toute l'étendue du canal, afin que la semence soit projetée plus loin et avec plus de force au moment de l'éjaculation. L'érection du pénis, en comprimant la prostate, facilite la sortie du mucus prostatique, parfois sécrété en si grande abondance qu'on a pu, comme nous le disions plus haut, faire confusion avec la liqueur spermatique.

Plusieurs causes peuvent déterminer les affections de la glande prostate, mais pour ne pas sortir de notre sujet, nous dirons seulement que l'engorgement de la prostate est quelquefois la conséquence de la gravelle, lorsque les concrétions ont été retenues dans l'intérieur de cette glande. Mais encore, dans de telles circonstances, la prostatite est-elle très-rare. Nous présumons qu'on l'aura souvent confondue avec la cystite, cette dernière étant beaucoup plus fréquente et présentant d'ailleurs avec la prostatite une grande conformité dans la marche des symptômes.

Quoi qu'il en soit, nous ne pouvons mieux faire que de citer ici la description qu'en donne le savant Bichat, dans le *Journal de Chirurgie*.

§ II. — SYMPTÔMES, MARCHE.

« Le malade éprouve d'abord un sentiment de chaleur

et de pesanteur vers le périnée et à l'anus. Bientôt il se plaint d'une douleur continuelle et pulsative qu'il rapporte au col de la vessie : cette douleur augmente lorsqu'il va à la selle ou qu'il fait des efforts pour remplir cette fonction ; il est tourmenté de ténesmes et d'envies fréquentes d'uriner ; il lui semble toujours avoir un gros tampon de matière fécale prête à sortir du rectum. Le doigt, introduit dans cet intestin, sent, à sa partie antérieure, la saillie que fait la prostate. Si le malade veut uriner, il est longtemps à attendre la première goutte d'urine, et s'il fait des efforts pour en accélérer la sortie, il y met un nouvel obstacle en poussant de plus en plus la prostate au-devant du col de la vessie, dont elle bouche alors l'ouverture, et il ne parvient à uriner qu'en suspendant ses efforts. Le jet que forme l'urine est d'autant plus fin et les douleurs que causent son passage sont d'autant plus vives que l'inflammation de la prostate est plus considérable. On pourrait encore ajouter, comme un signe particulier à cette espèce de rétention, que si l'on essaye d'introduire une sonde dans la vessie, elle pénètre facilement et sans rencontrer d'obstacle jusqu'à la prostate, où elle est arrêtée et où le contact devient très-douloureux. D'ailleurs, le malade a le pouls dur, fréquent, sa soif est intense, et il offre tous les symptômes génériques de l'inflammation. »

§ III.—TERMINAISON.

La prostatite n'affecte pas toujours cette marche aiguë ;

elle peut débuter par l'état chronique, et, dans ce cas, sa terminaison la plus ordinaire est l'induration. La suppuration est souvent la terminaison de l'état aigu, mais comme elle entraîne toujours de graves conséquences, le médecin doit faire tous ses efforts pour en obtenir la résolution.

§ IV.—TRAITEMENT.

Ici, comme dans toutes les inflammations, les antiphlogistiques tiennent le premier rang. Ainsi : saignées générales, surtout locales, bains entiers, cataplasmes au périnée, lavements émollients. Il faut être très-sobre des boissons délayantes, la vessie ayant toujours, dans ce cas, beaucoup de peine à se vider, et le gonflement de la prostate y mettant obstacle par le tampon qu'elle forme au-devant du col de cet organe.

Quoi qu'on en dise, le plus souvent la résolution s'opère facilement quand on a bien reconnu la maladie et qu'on a pu agir à temps.

Il n'en est pas ainsi lorsque la prostatite débute, pour ainsi dire, par l'induration; elle constitue alors une maladie longue et difficile à guérir, donnant souvent lieu à de compètes rétentions d'urine, à des abcès périnéaux, à la formation de concrétions; en un mot, à tous les accidents fâcheux qui surviennent d'un obstacle au cours naturel des urines.

Les frictions avec l'extrait de belladone et l'onguent mercuriel combinés, les pommades iodurées, sont ici d'un puissant effet. Mais le moyen curatif qui réussit le mieux, c'est la cautérisation souvent renouvelée de la glande prostate elle-même, cautérisation pratiquée à l'aide du porte-caustique Lallement. Sous l'influence de ce moyen, peu à peu la chaleur et la pesanteur au périnée disparaissent, la glande diminue graduellement et finit par reprendre ses proportions naturelles.

Malgré l'emploi de tous ces moyens, la vitalité de cette glande est si peu considérable que l'induration peu persister quand même. Alors, comme pour la cystite, la cure par les eaux minérales fait disparaître cette induration, rebelle jusqu'alors à tous les autres modes de traitement.

DE LA GOUTTE.

Il serait fort difficile de donner une définition particulière et sûrement exacte d'une maladie telle que la *goutte*. C'est, en effet, pour nous servir des expressions de Hunter, une susceptibilité morbide spéciale qui se traduit par une suite de symptômes réunis sous ce même nom de *goutte*. Mais que l'on n'aille pas croire qu'ainsi considérée la goutte ne soit qu'une hypothèse. Chacun sait trop que c'est une réalité, mais composée de tant d'éléments divers, qu'elle échappe, en ses détails infinis, à la plus persévérante analyse. Pour tout dire, c'est une maladie générale; en un mot, une *diathèse*.

Les causes les plus étudiées de la goutte, considérée

empiriquement, sont l'hérédité, une constitution générale prédisposante, la vieillesse, un régime substantiel et stimulant avec des habitudes oisives et sédentaires. Il y en a cent autres, occasionnelles, qu'il serait trop long et d'ailleurs inutile d'énumérer ici.

Établissons les caractères importants de la goutte en général.

La goutte aiguë a pour siége habituel les petites articulations, celles des mains et des pieds, particulièrement celle du métatarse et du gros orteil. Pourtant, elle arrive assez souvent à se généraliser sur d'autres articulations. Les attaques de goutte régulière aiguë sont souvent accompagnées d'un mouvement fébrile.

La maladie est d'une assez courte durée pendant les premières attaques, à moins qu'elles ne se généralisent. Les récidives sont d'ordinaire assez nombreuses, et quand elles se rapprochent, les attaques sont de plus en plus longues, jusqu'à ce que la maladie dégénère, comme il arrive trop souvent, en cachexie goutteuse.

La goutte articulaire chronique est la suite ordinaire de la goutte régulière aiguë. C'est une maladie très-tenace; mais les attaques, plus longues que dans la précédente, sont moins aiguës.

La goutte incomplète produit d'étranges effets : Barthez l'a vu affecter et contracter les doigts de certains malades « sans causer une seule douleur; » et Guilbert aussi dit que les engorgements qu'elle amène « sont presque sans douleurs. » On ne s'en aperçoit guère qu'aux tiraillements « qui résultent des efforts faits pour opérer la flexion des membres. »

La goutte dite *anormale*, celle que certains auteurs ont appelée *fibreuse*, n'est autre que le rhumatisme musculaire et fibreux. Mais les accidents principaux signalés en l'état actuel de la science, encore trop peu avancée sur ce point, et qui se rapportent à la goutte rétrocédée, ou plutôt à la goutte abarticulaire en général, doivent être groupés en deux classes : 1° les névroses, 2° les phlegmasies.—Les névroses comprennent les névralgies d'origine goutteuse (sciatiques, iléo-scrotales, trifaciales), les viscéralgies, celles notamment qui sont fixées sur les voies digestives (dispepsies, gastralgies, coliques goutteuses), et celles qui ont pour siége les voies urinaires (ischurie non inflammatoire, rhumatisme de la vessie) ; les paralysies locales, avec convulsion ou chorée, les hémiplégies nerveuses, la léthargie goutteuse, l'asthme nerveux, l'angine de poitrine, la lipothymie, la syncope, les palpitations nerveuses.—Les phlegmasies liées à la diathèse goutteuse qui méritent d'être signalées sont la néphrite goutteuse, le plus souvent accompagnée de gravelle urique et de calculs des reins, et les phlegmasies des membranes séreuses, qui, loin d'être rares, sont, suivant Guilbert, éminemment fréquentes.

Mais ce qu'il nous importe surtout de signaler ici, ce sont les lésions de sécrétion spéciale par lesquelles se manifeste la diathèse goutteuse. Le phénomène le plus important est la sécrétion surabondante de l'acide urique dans les urines des goutteux. L'acide urique, selon Rayer, y est ordinairement cristallisé, « sauf le cas de paroxysmes fébriles, où les sédiments de l'urine sont souvent amorphes. » Par là s'explique la fréquence de la gravelle et de la colique néphrétique chez les goutteux. L'acide urique se retrouve encore dans les calculs rénaux et dans la gravelle des goutteux ; combiné avec la soude, il forme la majeure partie de leurs concrétions tophacées.

On rencontre donc dans la diathèse goutteuse :

1° Diversité du siége de la maladie ; 2° diversité dans les lésions par lesquelles elle se traduit. De là il résulte que l'on peut rapprocher de la goutte beaucoup d'autres maladies, mais qu'elle s'en sépare aussi par des différences notables. La goutte est une maladie très-difficile à classer. Il reste au temps beaucoup à faire [1].

ACTION DES EAUX DE CONTREXÉVILLE SUR LA GOUTTE.

Nous n'avons certes pas à insister ici sur le traitement général de la goutte. Il nous suffira de bien marquer en quoi les eaux minérales de Contrexéville agissent sur la guérison de cette affection. Le docteur Baud, avant nous, a presque épuisé la question en son savant *Mémoire* sur

---

[1] Le meilleur résumé historique et scientifique qui ait été fait sur cette trop obscure question de la goutte est celui que contient la thèse du docteur J.-J. Bouley, de Paris (1841).

ce sujet. Les expériences auxquelles nous nous sommes livré personnellement n'ont fait que confirmer ses allégations ; aussi serons-nous dans l'obligation de peu innover et de beaucoup redire. Mais nous serons bref, et nos lecteurs ne s'en plaindront pas.

Les goutteux qui viennent chercher la guérison à la source de Contrexéville sont sûrs au moins d'y trouver un soulagement à leurs souffrances. Le premier effet qu'ils éprouvent est le plus souvent une attaque aiguë, mais de courte durée et sans gravité, sur l'une des articulations d'ordinaire affectées. En même temps, leur sécrétion urinaire est suractivée, et produit en abondance des sédiments uriques, parfois même des calculs peu volumineux. Mais, après cette première débâcle, les bons effets de la cure ne tardent pas à se faire sentir. Les goutteux recouvrent assez vite l'intégrité organique et fonctionnelle des articulations affectées depuis peu, et les autres, celles qui les faisaient souffrir depuis plus longtemps, suivent le mouvement général d'amélioration. Les concrétions tophacées contenues dans les tissus diminuent, se résorbent, s'éliminent progressivement, et l'organisme entier tend alors à reprendre l'équilibre de la santé.

Tels sont, à peu de chose près, tous les effets immédiatement signalés par les goutteux eux-mêmes. Après une saison, mais surtout après plusieurs saisons passées aux eaux, durant l'hiver, et loin de la source, les malades continuent à ressentir son heureux effet, et nombre d'entre eux, ayant recouvré la pleine liberté de leurs mouvements, se complaisent, à juste titre, à attribuer leur bien-être inespéré à l'eau bienfaisante.

Précédemment, nous n'avons parlé que de la goutte aiguë ; il nous resterait à parler de la goutte chronique. En ce qui concerne spécialement Contrexéville, **M. Baud** a épuisé la matière ; qu'il prenne donc la parole à notre place.

« Sous la forme ou plutôt à l'époque précédente, la
« maladie sévissait sur un organisme, vicieux sans doute
« et d'un dynamisme mal équilibré, mais excessif ; elle
« semblait n'être elle-même qu'une succession d'efforts
« violents de réhabilitation organique, efficaces surtout
« quand ils avaient pour résultat la suractivation des
« fonctions éliminatrices des téguments et plus spéciale-
« ment des reins. Sous cette nouvelle forme, ou à cette
« deuxième époque, la scène est changée ; le dynamisme
« normal et le dynamisme morbide du sujet sont tombés
« au-dessous de zéro ; ses fonctions viscérales, aussi
« bien que ses actes organiques, portent l'empreinte de
« l'imperfection et de l'allanguissement. Sa maladie ne
« se compose plus de crises actives, séparées par des
« intervalles plus ou moins prolongés de bonne santé ;
« elle est continue, et cette continuité est seulement
« traversée par des assauts crisiaques avortés, qui com-
« pliquent le désordre au lieu de le réprimer.

« La goutte est devenue podagre, en un mot, et de ce
« nouveau groupe morbide je ne veux que détacher ce
« qui se relie plus directement à la spécialité de notre
« traitement. Les sécrétions du malade, suracidées à la
« première époque, passent à l'alcalinité. Les phosphates
« basiques se substituent à l'acide urique dans ses urines,
« dans ses sueurs, sans doute, et dans les liquides qui
« sont versés au voisinage de ses articulations. Parallè-
« lement et solidairement, en quelque sorte, ses séreuses
« et ses muqueuses sont le siége passif d'une habituelle
« hypercrinie. Sous ce type, la diathèse phosphatique
« s'est nettement dessinée en opposition avec la diathèse
« urique.

« Tous les goutteux de ce degré que j'ai observés
« aux sources de Contrexéville présentaient dans leurs
« antécédents l'un des faits suivants : ils étaient arrivés,
« par l'irrésistible courant des années, aux phases dé-
« croissantes de leur âge et de leur maladie ; ils avaient
« usé d'une manière précoce leurs ressources dynamiques
« par d'habituels excès ou par un régime vicieux ; ils
« avaient été assaillis par de graves ébranlements mo-
« raux ; ils avaient fréquemment eu recours à l'un de ces
« traitements décevants, composés surtout d'évacuants,
« qui n'affaiblissent la maladie que d'autant qu'ils débi-
« litent le malade ; ils avaient cédé à l'entraînement géné-
« ral pour la médication alcaline, poussée jusqu'à l'abus
« qui lui est spécial, qui, pour les goutteux surtout, est
« plus près qu'on ne le pense de l'opportunité d'indica-

« tion, et en face de laquelle la médication Contrexévil-
« laine peut nettement poser son appel de vicieuse logi-
« que et dangereuse pratique, elle qui, alcaline aussi,
« guérit surtout ou améliore les goutteux, et leurs con-
« sorts les graveleux, d'autant qu'elle les *désalcalinise*.

« La goutte, ainsi dégénérée, fournit les exemples les
« plus remarquables de l'efficacité de l'eau de Contrexé-
« ville, et les heureux effets qu'elle en éprouve peuvent
« se résumer en une réhabilitation organique et fonction-
« nelle générale, en même temps qu'en un retour plus
« ou moins complet de la maladie à ses conditions primi-
« tives de puissance proxistype et crisiaque. »

Ce texte, notre confrère l'appuie de très-nombreux exemples par lui-même recueillis. Nous pourrions l'étayer, nous aussi, de faits dont nous avons été témoin. Mais à quoi bon ? l'efficacité de l'eau de Contrexéville sur les goutteux nous semble prouvée d'une manière irréfutable, et, sur ce point au moins, les médecins qui connaissent ces sources sont généralement d'accord.

Précédemment, nous avons relevé avec soin tous les avantages admis ou refusés, à tort selon nous, à la source dont nous avons eu l'occasion d'éprouver par nous-même les bons effets. Nous nous arrêtons, croyant avoir accompli notre tâche, espérant qu'elle n'aura pas été tout à fait inutile. Contrexéville nous a beaucoup donné ; nous lui avons peu rendu, sans doute, en comparaison ; mais enfin notre conscience est satisfaite. Nous avons indiqué, à notre tour, une route trop peu suivie et au bout de laquelle cependant il est possible de retrouver la santé, ce bien des biens, cette richesse interne de l'humanité.

TABLE.

		Pages.
§ Ier.	Topographie	4
§ II.	Historique des eaux	7
§ III.	Etat actuel	9
§ IV.	Propriétés physiques et chimiques des eaux	15
§ V.	Action physiologique des eaux	20
§ VI.	Sur l'appareil digestif	23
§ VII.	Sur l'appareil pulmonaire	24
§ VIII.	Sur l'appareil génital	25
§ IX.	Sur l'appareil urinaire	26

EXAMEN ABRÉGÉ DES PRINCIPALES AFFECTIONS TRAITÉES A CONTREXÉVILLE.................................... 30

DE LA GRAVELLE... 30

§ Ier.	Diathèse urique	33
§ II.	Causes	34
§ III.	Influence de l'âge et du sexe	38
§ IV.	Symptômes	39
§ V.	Diagnostic	40
§ VI.	Pronostic	41
§ VII.	Traitement	42

TABLE.

		Pages.
§ VIII.	Régime, hygiène, prophylaxie................	43

DE LA CYSTITE ET DU CATARRHE DE LA VESSIE.......... 45

§ I er.	Causes...............................	45
§ II.	Symptômes, marche.....................	45
§ III.	Traitement............................	47

DE LA PROSTATITE............................ 48

§ I er.	Principaux caractères anatomiques de la prostate	48
§ II.	Symptômes, marche.....................	50
§ III.	Terminaison...........................	51
§ IV.	Traitement............................	52

DE LA GOUTTE............................... 53

Action des eaux de Contrexéville sur la goutte.......... 56

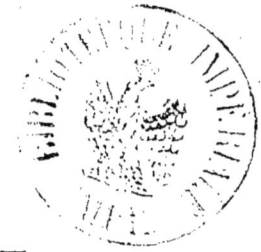

PARIS.—IMPRIMÉ CHEZ BONAVENTURE ET DUCESSOIS, 55, QUAI DES AUGUSTINS.

www.ingramcontent.com/pod-product-compliance
Lightning Source LLC
LaVergne TN
LVHW021730080426
835510LV00010B/1193